LETTRES

PATENTES DV ROY,

portant deffences à tous Hosteliers,
Cabarestiers, Tauerniers, Paticiers &
autres de la ville & Faulxbourgs de
Troyes, de donner à boire ny à manger à aucuns manans & habitans de la
dicte Ville Faulxbourgs & banlieuë
d'icelle, à peine d'amende & prison s'il
y eschet, ainsi qu'il est porté par lesdi-
ctes lettres & Arrest de verification
du Parlement.

A TROYES,

Par PIERRE CHEVILLOT, l'Im-
primeur du Roy.

M. D. C. XXV.

Auec Priuilege de sa Majesté.

EXTRAICT

DES REGISTRES DV

Greffe du Bailliage & Presidial de Troyes, Du Mardy vingt-sixiesme Ianuier cinq cens cinquante six.

A TOVS ceux qui ces presentes lettres verront, Noel Coiffard Conseiller du Roy, Lieutenant general au Bailliage & Siege Presidial de Troyes, Salut, Sçauoir faisons, que ce iourd'huy sur la requeste du Procureur du Roy audict Bailliage, Ont esté leuës, & registrées, és registres des Mandemens du Roy, Les lettres Patétes du Roy nostre Sire, ensemble les lettres d'extraict de la Cour de Parlement,

A ij

de chascune desquelles lettres, la teneur s'ensuit & par ordre.

LETTRES PATENTES
du Roy.

HENRY par la grace de Dieu Roy de France, A tous ceux qui ces presentes lettres verront, Salut, Sçauoir faisons, Que des le vingthuictiesme iour d'Aoust, mil cinq cens cinquante & vn, Nos amez les Maire & Escheuins de nostre Ville de Troyes, Nous ont faict dire & remonstrer que notoirement en ladicte Ville, Faulxbourgs & banlieue d'icelle, se commettoient, côme encor font plusieurs larcins domestiques, blasphemes, ieux, homicides, & autres infinies crimes &

delitz, qui procedoient à cause de
la frequentation des Tauernes &
Cabarests de ladicte Ville, Faulxbourgs & banlieue d'icelle, Soubz
laquelle exposition par nos lettres
dudict iour. Auons ordonné &
ordonnons que les Ordonnances
faictes sur l'interdiction & prohibition d'aller boire & manger aux
Tauernes & Cabarests, par le feu
Roy Sainct LOVIS seroient gar-
dez & obseruez, ce qui auroit esté
faict audict Troyes, par quelque
peu de temps, pendant lequel les
viures auroient esté à pris compe-
tát, au lieu de ce qu'ils estoient chers
auparauant, & s'ine se seroiét cómis
homicides, ou battures, cóme ilse fai
soit pendát que les cabarests auoiét
lieu, & depuis sous ombre que aucuns dudict Troyes, preferant leur

intereſt particulier, au bien public,
& voulant s'enrichir des vices, crimes & delictz de nos ſubjects.
Nous auroient remonſtré que a-
uions ihterests à la deffence d'iceux
Cabareſts, & que noſtre droict de
huictieſme en eſtoit diminué , &
ſoubz icelles remonſtrances, au-
rions par nos lettres, des vingt-ſix-
ieſme iour de Septembre, & vingt
deuxieſme iour de Decembre, mil
cinq cens cinquante & vn, leué leſdictes deffences, depuis leſquelles
deffences, leuez ſont aduenues par
le moyen de la frequétation d'iceux
Cabareſts, pluſieurs homicides, lar-
recins domeſtiques, blaſphemes ,
ieux & autres crimes, delicts & in-
conueniens infinis, En laquelle Ville de Troyes y a plus de pauures
gens artiſans qu'en Ville de noſtre

Royaume , lesquels apres auoir
consommé , mangé , & beu esdites
Tauernes , en vn iour ce qu'ils ont
gangné en vne Sepmaine , sont contraincts , de faire respits & banque-
routes à leurs crediteurs , les autres
delaissent leurs femmes & enfans,
mourans de faim. Qui à ce moyen
sont contraincts eux mandier & la
plusparc d'estre larrons pour viure.
Pour à quoy obuier lesdicts Maire
& Escheuins, Conseilliers & plusieurs notables personnages de nostre Ville de Troyes , assemblez
en l'Hostel d'icelle Ville, Ou tous
vnanimement , ont esté d'aduis
nous requerir & supplier que nostre plaisir fust pour le bien & pro-
fit de la Republique de nostredicte Ville de leur pourueoir sur ce.
A ces causes, & autres iustes consi-

derations à ce nous mouuans, &
apres en auoir eu sur ce l'aduis, & de-
liberation de nostre côseil voulant
preferer le proffit & vtilité de la
Republique, à nostre particulier.
Auons de nostre certaine science,
pleine puissâce & authorité Royal-
le, inhibé & deffendu, inhibons &
deffendons à tous Tauerniers, Cabarestiers, Hosteliers, Paticiers, &
autres personnes de quelque estat
qualité & condition qu'ils soient,
d'asseoir, ne bailler à boire, ne à
manger en leurs maisons, à aucuns
gens de mestier, manans & habitans de nostredicte Ville, Faulxbourgs, & banlieue d'icelle, & ausdicts gens de mestier manans & habitans de ladicte ville, Faulxbourgs
& balieue, d'aller ny entrer esdictes
Tauernes & Cabarests, pour boire

&

& manger, iouer ou faire aucun
traffic, le tout à peine de prison &
amende arbitraire, aplicable moitié à nous, l'autre moitié aux pauures, & de punitió corporelle, si mestier est, & s'ils y retournent pour
la seconde fois.

Si DONNONS en mande-
ment & expressement enioignons
par cesdictes presentes, à nos amez
& feaux Conseillers, les gens tenans
nostre Cour de Parlement à Paris,
Bailly & Preuost de Troyes, ou leurs
Lieutenants, & à chacun d'eux, si
comme à eux apparti endra, Que
nostre presente Ordonnance ils fa-
cent lire & enregistrer, & icelle pu-
blier à son de trompe & cry public,
garder & observer inuiolablement
à tousiours, & entretenir de point
en point, seló sa forme & teneur, nó-

B

obstant oppositions ou appella-
tions quelsconques, & sans pre-
iudice d'icelles, pour lesquelles ne
voullons estre differé, enioignant
ausdicts Maire & Escheuins, que de
leur par ils ayent l'œil & tiénent la
main, à ce que ladicte Ordonnance soit gardée & obseruée comme
dessus, & sur les peines susdictes, le
tout sans eux arrester ne auoir es-
gard à nosdictes lettres, desdicts
vingt sixiesme Septembre, & vingt-
troisiesme Decembre, cinq cens
cinquante & vn par nous cy deuát
octroyez, & que pour l'aduenir
pourrions octroyer pour empes-
cher l'effect & execution de ladicte
Ordonnance, lesquelles nosdictes
lettres ne voulons sortir effect, ains
comme contraires au bien public.
Les auons cassez, reuoquez & an-

nullez, caſſons, reuoquons & an-
nullons par ces preſentes.

Car tel eſt noſtre plaiſir.

Nonobſtant quelsconques autres
Edicts, Ordonances, reſtrinctions,
Mandemens, deffences, & lettres
à ce contraires.

Mandons & commandons à tous
nos iuſticiers Officiers & ſubjects
que à ce ils obeiſſent & entendent
dilligemment.

Donné à ſainct Germain en
Laye, le vingt-deuxieſme iour de
Decembre, L'an de grace, mil cinq
cens cinquante ſix.

Et de noſtre regne le dixieſme,
Signé,   Henry.

Et ſur le reply.

Par le R O Y.   En ſon conſeil.

DE LAVBEPINE.

Et plus bas eſt eſcrit.

Registrata audito procuratore generali Regis sub modificationibus in registro curiæ contentis Parisijs in Parlamento vigesimo primo Ianuarii, anno Domini millessmo quingentesimo quinquagesimo sexto.

Signé,   DV TILLET.

Et scellé de cire iaulne du grand scel.

EXTRAICT DES RE-
gistres de Parlement.

V EV Par la Cour les let-
tres Patentes du Roy,
données à Sainct Ger-
main en Laye, le vingt-
deuxiefme iour de Decembre der-
nier, fignées par le Roy, eftant en
fon Confeil, de Laubepine, par lef-
quelles & pour les caufes y contenues, ledict Seigneur inhibe & def-
fend à tous Tauerniers, Cabare-
ftiers, Hofteliers, Paticiers, & autres perfonnes, de quelque eftat
qualité & condition qu'ilz foient,
d'affeoir, ne bailler à boire, ne à
manger en leurs maifons, à aucuns gens de meftier manans & ha-

bitans de la ville, Faulxbourgs &
banlieue de Troyes, & aux gens de
meſtier manans & habitans de ladicte Ville , Faulxbourgs & banlieue, d'aller ny entrer eſdictes Tauernes & Cabareſts, pour boire &
manger & iouer ou faire aucun
traffic ſur les peines contenues
eſdictes lettres: La requeſte à ladicte Cour preſentée de la part des
Maire & Eſcheuins de ladicte ville
de Troyes, tendant à la verification
& publication deſdictes lettres en
ladicte Cour : De l'Ordonnance
d'icelle, communiquée au Procureur general du Roy. Le tout conſi-
deré : Ladicte Cour à ordonné &
ordonne que leſdictes lettres ſe-
ront regiſtrées és regiſtres d'icelles,
n'entend toutes fois la Cour, qu'il
ſoit procedé contre les contreue-

nans aufdites lettres par prifon fi le
cas ny efchet, ains feullement par
amendes arbiraires à la difcretion
des Iuges, & que prohibition des
Tauernes & Cabarefts, fera gardée
és villes & faulxbourgs dudict
Troyes.

Faict en Parlement, le vingt &
vniefme iour de Ianuier, l an de
grace mil fix cens cinquante fix.

Signé,   Dv TILLET.